FLEURUS

Illustration de couverture : Céline Chevrel

Direction : Guillaume Arnaud, Guillaume Pô
Direction éditoriale : Sarah Malherbe
Édition : Anna Guével
Conception graphique : Séverine Roze
Mise en pages : Sophie Boscardin
Direction de fabrication : Thierry Dubus
Fabrication : Gwendoline Da Rocha

Site : www.fleuruseditions.com
ISBN : 978-2-2151-6803-4
MDS : 592937

HISTOIRES

à lire avec maman

POUR LE SOIR

FLEURUS

SOMMAIRE

Caramel fait des bêtises

Pour son anniversaire, Jules vient de recevoir une jolie petite abeille en peluche. « Regarde, Caramel, dit Jules à son doudou. Elle est belle et elle sent bon le miel. On va bien jouer tous les trois. »

Mais Caramel fait un peu la tête. Il n'a pas envie de regarder la petite abeille, ni de sentir la bonne odeur de miel. « C'est bizarre, pour un ours, dit Jules.

Tu boudes ?

– Pas du tout ! » Caramel bondit sur ses pattes et zou ! Il saute sur le canapé.

Jules aussi, pour le rattraper !

Maman n'est pas contente, elle gronde Jules :
« C'est une bêtise de sauter sur le canapé. »
Mais Jules proteste : « C'est Caramel qui a commencé ! »
Quel coquin, ce Caramel ! Il court se cacher dans la chambre de Jules et renverse par terre les chevaliers, les petites voitures, les livres, les déguisements.

Quel désordre !

« Tu exagères, Caramel ! » s'exclame Jules.
Quand Maman pousse la porte, elle est en colère :
« Jules, c'est une grosse bêtise !
– Mais ce n'est pas moi, réplique Jules. C'est... »
Maman continue :
« Maintenant, tu vas tout ranger. Au travail !
– Aide-moi, méchant ours ! » dit Jules à son doudou.

Mais Caramel n'écoute pas, il court dans la salle de bains et il fait couler de l'eau dans la baignoire, juste comme ça ! Il se maquille en Indien, avec le rouge à lèvres de maman.

Cette fois-ci, Jules s'installe sur le canapé, avec son doudou sur les genoux. Il lui dit : « Que se passe-t-il, Caramel ? Tu fais n'importe quoi ! »

Caramel se gratte la tête avec sa patte et avoue :

« Depuis que la petite abeille est là, tu ne m'aimes plus, voilà ! »

Jules serre Caramel dans ses bras et murmure :

« J'aime la petite abeille, mais je t'aime, toi aussi.
Je t'aime depuis toujours. Tu dormais dans mon berceau, quand j'étais bébé. Tu étais caché dans mon sac à dos, le jour où j'ai été à l'école pour la première fois. Tu m'as consolé quand je suis tombé de vélo.

Tu es mon Caramel,
mon doudou à moi. »

Caramel est déjà un peu rassuré. Il baisse les yeux et dit :
« J'ai fait toutes ces bêtises car j'étais un peu jaloux de la petite abeille ! »
Maman a tout entendu. Elle fait un petit clin d'œil à Jules et appelle :
« Au dodo ! Maintenant que vous avez fait la paix tous les deux, j'espère que vous allez être sages ! »
Caramel est encore inquiet.
Il dit à Jules :
« Il reste un peu de place sur l'oreiller, pour la petite abeille. Mais vraiment une toute petite place, car il faut une grosse place pour moi : je suis un très gros ours ! »
Jules sourit :
« Toi, tu auras toujours la plus belle place dans mon cœur, car tu es mon doudou préféré. »

Mondoudou

Avec son papa et sa maman, Jeanne la petite souris fait pour la première fois une croisière en nénuphar ! Bien sûr, elle a emmené Mondoudou !

Ce drôle de chat en peluche avec une seule oreille ne la quitte jamais. Le voyage est terminé ! Monsieur et Madame Sourisset rassemblent leurs affaires et attrapent les valises.

« Jeanne, prends ton sac à dos ! »

Vite, vite, tout le monde à terre ! La petite souris se dépêche…

De retour à la maison, Jeanne a très envie de faire un câlin à Mondoudou.

Elle regarde dans son sac à dos, le vide, le secoue dans tous les sens… aucune trace de son chat. Elle regarde sous le canapé, sous son lit, sous le meuble de l'entrée, Mondoudou n'est toujours pas là.
« Maman, c'est toi qui as pris Mondoudou ?
Je ne le retrouve plus ! » demande Jeanne un peu inquiète.
« Vérifie dans ta valise ! » conseille sa maman.
Jeanne se précipite, sort tous ses vêtements à la vitesse de l'éclair.
Toujours pas de Mondoudou ! Elle voit la valise de son papa, l'ouvre aussi, le cœur battant.
« Oh ! Mondoudou, je t'ai trouvé ! crie-t-elle tout à coup.
Oh, non ! C'est la paire de chaussettes de papa ! »
Jeanne sent une boule dans sa gorge.
Elle n'a jamais perdu Mondoudou…

Et la nuit commence à tomber !

« Je ne pourrai jamais dormir sans lui, maman ! »

Et de grosses larmes coulent doucement le long de ses joues.

Madame Sourisset la serre dans ses bras : « Ne pleure pas, ma chérie. Je suis sûre que nous allons retrouver Mondoudou. Essaie de te souvenir de la dernière fois où tu l'as vu. »

Jeanne repense à la croisière. Elle se rappelle tout à coup qu'elle montrait toutes les plantes qu'elle voyait au bord de la rivière à Mondoudou.

« Il est resté sur mon nénuphar ! » s'écrie Jeanne.

« Très bien, je téléphonerai à Monsieur Crapaud demain matin. Je suis sûre que quelqu'un lui a rapporté ton doudou à la capitainerie.

– C'est un endroit où dorment les doudous perdus ? » demande la petite souris, de nouveau inquiète pour sa peluche qui n'a jamais dormi ailleurs que dans son lit à elle.

Monsieur Sourisset lui caresse la joue et lui répond :
« Oui, et je suis certain que Mondoudou va se faire plein de copains ! »
Jeanne se couche. Elle est encore un peu inquiète. Sa maman lui a prêté un foulard tout doux à placer contre sa joue et son papa pose à côté d'elle son vieil ours en peluche qui protège des cauchemars.
Le lendemain matin, elle se réveille très tôt et écoute avec attention sa maman parler au téléphone avec Monsieur Crapaud : « Un chat en peluche avec une seule oreille ? Oui, c'est bien celui que ma fille a perdu. Nous venons tout de suite le chercher ! »
Jeanne pousse des cris de joie :

« Hourra ! Hourra !

On a retrouvé Mondoudou ! Dis, maman, tu crois que je pourrai moi aussi dormir à la capitainerie avec les doudous perdus ? »

Une nuit chez Papi et Mamie

« À demain mon Petit Koala tout doux, dit Maman Koala.

– Non, Maman, ne t'en va pas ! J'ai peur, répond Petit Koala.

– Mais de quoi as-tu peur mon chéri ? Tu vas rester avec Mamie et Papi, qui vont bien s'occuper de toi. Tu as de la chance.

– Oui, Maman, mais toi, tu ne seras pas là.

– Je ne serai pas loin et je reviendrai te chercher demain, assure Maman Koala.

– Promis ?

– Promis. Tu seras bien sage avec Mamie et Papi ? dit Maman Koala en serrant Petit Koala dans ses bras.

– Oui, Maman », lui répond Petit Koala en frottant son museau dans son cou.

Encore un baiser et Maman Koala s'en va.

C'est presque l'heure de se coucher. Petit Koala se brosse les dents et cherche son pyjama. Maman l'a oublié !

« Ce n'est rien, dit Mamie, tu vas mettre une des chemises de Papi ! »

Petit Koala trouve qu'il ressemble à un fantôme dans la grande chemise blanche de Papi…

« Ouh Ouh ! » Il court faire peur à Papi qui se cache dans son grand fauteuil. Petit Koala le poursuit :

« Attention Papi, c'est le fantôme de la chemise !

– AAAh, j'ai peur, répond Papi.

– Oui, prépare-toi, le fantôme va venir te faire des "guili"…

– Au secours, crie Papi, je suis attaqué par un fantôme très effrayant. »

Papi et son Petit Koala fantôme hurlent de joie.

Et, hop, ils s'installent tous les deux dans le fauteuil et Papi lui raconte une histoire. Les yeux de Petit Koala commencent à se fermer et il bâille.

« Viens, mon Petit Koala, je t'emmène te coucher », dit Mamie en le prenant dans ses bras.

Mamie le dépose dans le lit.

« Bonne nuit mon Petit Koala chéri », murmure Mamie en lui faisant un gros baiser. Elle lui caresse la joue puis s'en va.

Mais tout à coup, Petit Koala se sent un peu triste.

D'abord, ce n'est pas vraiment son lit. Les draps n'ont pas la même odeur.

Et la maison craque drôlement.

Et surtout, Maman n'est pas là pour le bercer de mots tout doux.

« Mamie, Mamie, crie Petit Koala.

– Que se passe-t-il mon Petit Koala ?

– Je veux ma maman.

– Ta maman sera là demain, mon Petit Koala, elle te fera un gros câlin.

– Tu es sûre, Mamie ?

– Oui, mon chéri, je te le promets. »

Et Mamie commence à fredonner doucement.

Petit Koala reconnaît cet air : Maman Koala le chante toujours, le soir.

Déjà, il se sent mieux. Et le sourire de Mamie le rassure.

Ce sourire aussi, il le reconnaît, on dirait celui de Maman. Alors, Petit Koala ferme les yeux et, très tranquillement, il s'endort.

La folle nuit de la poupée Lili

Une nuit, la poupée Lili se réveille avec une petite idée derrière la tête ! Un coup d'œil vers le lit de Valentine : la petite fille dort à poings fermés… Vite, Lili traverse la chambre à pas de souris et va chatouiller les orteils de Patapouf, l'ours en peluche, qui ronfle sous sa couverture :

« Lève-toi, Patapouf ! Nous allons préparer une grande fête pour l'anniversaire de Pistache, le poussin mécanique ! »
Patapouf, encore tout endormi, aide Lili à organiser une jolie dînette.

« Mais chut ! C'est un secret ! Il ne faut surtout pas réveiller Valentine… Son papa et sa maman seraient très en colère. La nuit, tout le monde doit dormir : les enfants, les poupées et les jouets ! »
La poupée Lili choisit la nappe, les verres, les assiettes, le gâteau et les bougies…

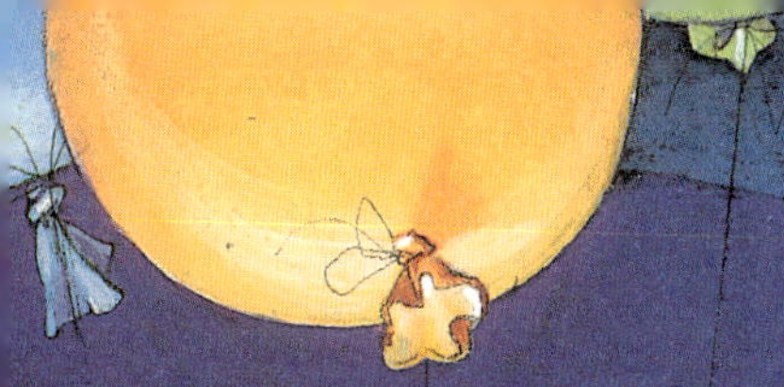

L'ours Patapouf gonfle les ballons.

Puis les deux amis installent leurs invités.
Pistache, le poussin mécanique, est à l'honneur,
assis à la droite de Lili. Chiffon, le pantin, et Ouaf-Ouaf,
le chien à roulettes, font les clowns et lancent des confettis.
Tout le monde rit !

Soudain, Lili sursaute. Valentine s'est retournée dans son lit.
Plus personne n'ose bouger. Chiffon fait la statue.

Ouf ! Valentine s'est rendormie.

C'est la fête ! Tous les jouets font les petits fous.

Le petit train tourne autour de la chambre : « Tchou, tchou ! »
Dans la boîte à musique, la petite souris russe chante sous la neige.

L'éléphant gris joue du tambour
et la montgolfière décolle avec toute la famille lapin.
Une ribambelle de personnages sort des livres d'histoires :
des rois, des princesses, des petites filles et des petits garçons, des moutons,
le Petit Chaperon rouge et même un gentil loup !
Tous, ils se prennent par la main et dansent la farandole.
Quel tintamarre ! Cette fois-ci, Valentine s'assoit dans son lit et se frotte
les yeux, bâille puis se rendort.
« Ouf ! On a eu chaud ! dit Lili. Maintenant, il faut tout ranger ! »
Tous les jouets s'activent pour ranger la jolie dînette, les ballons
et les confettis.
Puis ils reprennent tous leur place.
Tous, sauf le gentil loup qui ne sait plus de quel livre il est sorti !
« C'est ce livre-ci ! » lui crie Lili.
Tout est bien rangé, comme avant la fête ! Lili pousse un vrai soupir
de soulagement… et s'endort, sur le plancher.
Quand Valentine se réveille, ce matin-là, elle trouve
Lili endormie au pied de son lit.
Elle regarde sa poupée en souriant et dit :
« Toi, tu as la tête de quelqu'un qui a fait la fête toute la nuit.

Alors zou ! Au lit, petite Lili ! »

Dauphine et la graine de rêve

Tous les soirs, maman dépose mille bisous sur les joues de Dauphine. Puis elle s'en va et ferme la porte. Dauphine se blottit sous sa couette et attend sagement le Marchand de Sable, en comptant les petits lapins qui dansent la ronde sur les murs de sa chambre.

Dauphine attend longtemps. Très longtemps ! Que fait-il, ce Marchand de Sable ? Il n'est donc jamais au rendez-vous ? Dauphine s'endort toujours avant qu'il passe !

Un soir, Dauphine a une idée. Elle fabrique un avion en papier, demande à sa maman d'écrire un petit mot sur une aile : « Allez, Marchand de Sable, viens chez Dauphine ! »
Dauphine lance son avion dans la nuit.
L'avion fait trois loopings dans le ciel avant de disparaître…

Hélas ! Dauphine s'endort… sans avoir vu le Marchand de Sable.
Mais le lendemain soir, sous son oreiller, Dauphine découvre une lettre en étoile.
Une lettre qui sent bon le parfum de comète… Un petit mot est écrit dessus :

« Petite Dauphine,
Pour toi, j'accroche chaque soir une étoile dans le ciel.
Je l'allume quand tu te couches et je l'éteins au petit matin.
Ce soir, ouvre ta fenêtre… Je vais te faire une surprise…
Signé, le Marchand de Sable »

Dauphine se précipite à sa fenêtre. D'abord, elle ne voit que le noir de la nuit.
Puis, elle aperçoit une minuscule étoile qui scintille et se met à danser.
Puis, une autre apparaît, et encore une autre. Bientôt, des centaines d'étoiles dansent dans le ciel : un vrai ballet d'étoiles filantes !
Le lendemain soir, Dauphine soulève son oreiller et découvre… une toute petite graine.
« Maman, qu'est-ce que c'est ? » demande Dauphine, tout étonnée.
Maman sourit : « On dirait une graine de rêve. Garde-la précieusement pour faire de jolis rêves. »
Dauphine la tient bien serrée dans le creux de sa main et s'endort…
La graine grandit, elle devient un arbre gigantesque qui passe par la fenêtre entrouverte. Dauphine entend une voix qui l'appelle.

C'est le Marchand de Sable !

L'écho de sa voix résonne dans la nuit : « Allez, petite acrobate ! Grimpe ! » Sans effort, Dauphine monte une à une les branches de l'arbre et s'installe bien confortablement sur le nuage du Marchand de Sable.
Ensemble, ils font le tour du monde pour endormir tous les enfants de la Terre. Devant chaque maison, le Marchand de Sable arrête son nuage et souffle dans sa flûte de roseau pour envoyer du sable magique sur le lit des enfants.
Les paillettes de rêves dansent dans la nuit avant d'endormir les petits, comme par magie.

Quand tous les enfants sont endormis, Dauphine et le Marchand de Sable prennent un goûter bien mérité. Dauphine croque un croissant de lune. Mais ses yeux se ferment tout seuls, elle tombe de sommeil et s'endort doucement sur le nuage. Quand sa maman vient la réveiller, Dauphine a encore dans la bouche un merveilleux parfum de sucre de lune…

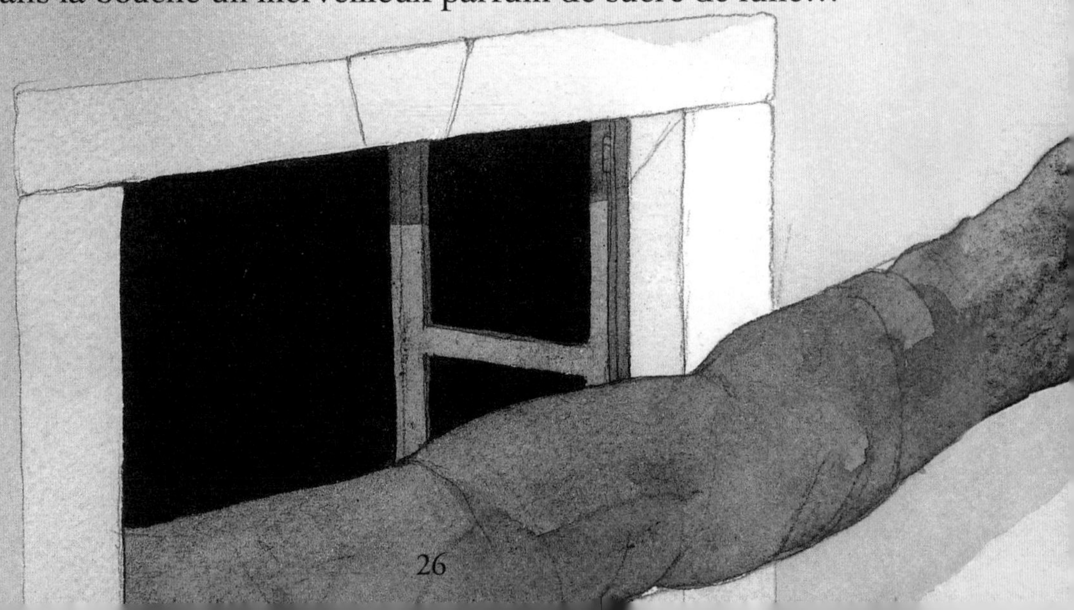

Depuis, chaque matin, c'est la même histoire.
Quand Dauphine ouvre les yeux,
elle dit à sa maman :
« Il est encore passé me chercher cette nuit…

**Quel magicien,
ce Marchand de Sable ! »**

New material only	Matériaux neufs seulement
REG. NO. QC-007333	N°de permis : QC-007333
Content : Polyurethane Foam	Contenu : Mousse de polyuréthane

PEFC
PEFC/13-31-020

Certifié PEFC
Ce produit est issu de forêts gérées durablement, de sources recyclées et contrôlées
www.pefc.org

N° d'édition : J19394-03
Achevé d'imprimer en novembre 2019 par Printer au Portugal
Dépôt légal : avril 2019